JN208872

デンマークのクロスステッチ

四季のくらしと窓辺の花

Lives and House Plants of Four Seasons in Cross-Stitch

デンマーク手工芸ギルド

デザイン
ゲルダ・ベングトソン
イダ・ウィンクレル
監修
山梨幹子
発行
ヤマナシ ヘムスロイド

はじめに

　広いガラス窓から西日が穏やかに差し込む大きな展覧会場のホールで、はじめてデンマーク手工芸ギルドの作品を見ました。たしか、ヨーロッパ手工芸団体の国際会議が、スウェーデンの小都市で開催されたときの特別展だったと思います。

　薄い麻布に調子をおさえた色糸で、軽やかに刺繍された可憐な野の花のクロスステッチに、目がしばし釘づけにされ、感動を覚えた記憶があります。それまでこれほど透明感のある、清楚なクロスステッチの刺繍を見たことはありませんでした。この興奮が私の心に一つの光をともし、いつまでも消えずに残りました。そして、私のデンマーク手工芸に対する熱い思いとなったのです。

　それから数年して、デザイナーのベングトソン女史にお会いでき、さらにギルドの育ての親ともいうべき熱血のワンデル女史(1978年引退、後任の会長はデンマーク装飾美術館長ラッセン氏)とハンディクラフトに関して意気投合する機会が、思いがけず早くやってきました。

　デンマーク手工芸ギルドの作品の中でも、刺繍作品の占める役割は大きいのですが、それは北欧ルネッサンスの中心地、コペンハーゲンの経済的活況と文化の高揚が、リッチな刺繍を豊富に幅広く残しているからでしょう。また、刺繍を楽しんだ担い手たちが婦人たちであり、経済的にも恵まれ、精神的にも余裕のあった人々であったことにもよります。

　イングリッド皇太后殿下が、デンマーク手工芸ギルドの創立後まもなく後援者となられていることも、刺繍が貴婦人の楽しみであった、一つの証かもしれません。

　今回、デンマークの刺繍の中からクロスステッチだけを集めて本にまとめました。ベングトソン女史等のデザインをとおして、デンマークの伝統を身近に楽しんでいただけることを祈ってやみません。

1979年　山梨幹子(デンマーク手工芸ギルド日本代表)　──初版前書きより

※本書は、1979年に文化出版局より出版された『デンマークのクロスステッチ』III巻を再編集したものです。

目次

応用作品

●クッションの作り方はP6

●ドイリーの作り方はP6

デンマークの建物のベルプール（壁飾り）
※参考作品

ポプリ入りピンクッション
仕上がりサイズ 5cm×5cm

[材料]　麻布10目（晒し）／用意する布 12cm×7cm ／
デンマーク花糸 1本どり

[作り方]　本書のP48とP50のテントステッチをクロ
スステッチに刺しかえて、ピンクッションに仕立てま
す。薄手木綿で中袋を作り、残り毛糸などを詰めます。
この時にさらに小袋にポプリを入れて共に詰めます。
表布は周囲1cmを残してバックステッチをし、布端は
内側に折ります。半分に折って中央の一辺は残したま
まバックステッチどうしをかがり、一辺を残して中袋
を詰め、お好みでコードを取りつけて仕立てます。

①

②

　本書のモチーフは、異なった目の麻布に刺繍することで、さまざまな楽しみ方ができます。

　間近で目にするドイリーやプレースマットには、目の細かい12目の麻布を使います。額にするときは少し大きくなる10目で、さらに大きく仕上げたいクッションやバッグには目の粗い7目を使うとよいでしょう。仕上げや飾る場所に応じて、さまざまな表情をお楽しみください。

「秋の田畑」のドイリー

仕上がりサイズ
①16cm×16cm ②14cm×14cm

[材料]
①麻布10目（晒し）／用意する布 22cm×22cm
②麻布12目（晒し）／用意する布 20cm×20cm

デンマーク花糸1本どり

[作り方]　仕上げは、模様から1目外側で布を折り返し、布目8目の幅のヘムかがりをします。

「秋の田畑」モチーフのクッション

仕上がりサイズ 35cm×35cm

[材料]　麻布7目（晒し）／用意する布 40cm×80cm／デンマーク花糸 2本どり／バイヤステープ 1m50cm

[作り方]　麻布を上下、左右に2等分して中心を決めます。図案も矢印を結んで中心点を見つけ、中心から刺し始めます。白い木綿地で中袋を作り、化繊綿を適量詰めます。縁回りはこげ茶のパイピングで仕上げます。表布は一方を残して縫って返し、中袋を詰めてあき口をまつります。四隅に花糸で作った房をつけます。

ゲルダ・ベングトソン
Gerda Bengtsson（1900-1995）

アカデミー・オブ・アーツで装飾美術を学ぶ。1929年
よりギルドの手工芸学校で刺繍デザインを教えつつ
クロスステッチのデザインをスタート。写実的で情感
あふれる野の草花や樹のほか、庭や公園でくつろぐ
人々をユーモラスに描く。生涯で数万点とも言われる
デザインを生み出し、デンマーク刺繍を世界的なも
のにした。

イダ・ウィンクレル
Ida Winkler（1901-1995）

ギルドの手工芸学校でデザインと刺繍を学び、卒業
後ギルドの専属デザイナーとして働く。主な仕事はギ
ルドの膨大なコレクションから新たなパターン（主に
サンプラー）を作り出すことだった。この仕事によっ
て彼女自身のセンスが磨かれ、建物、地図、船シリー
ズなどの美しい傑作が誕生していった。

若いスケーターたち

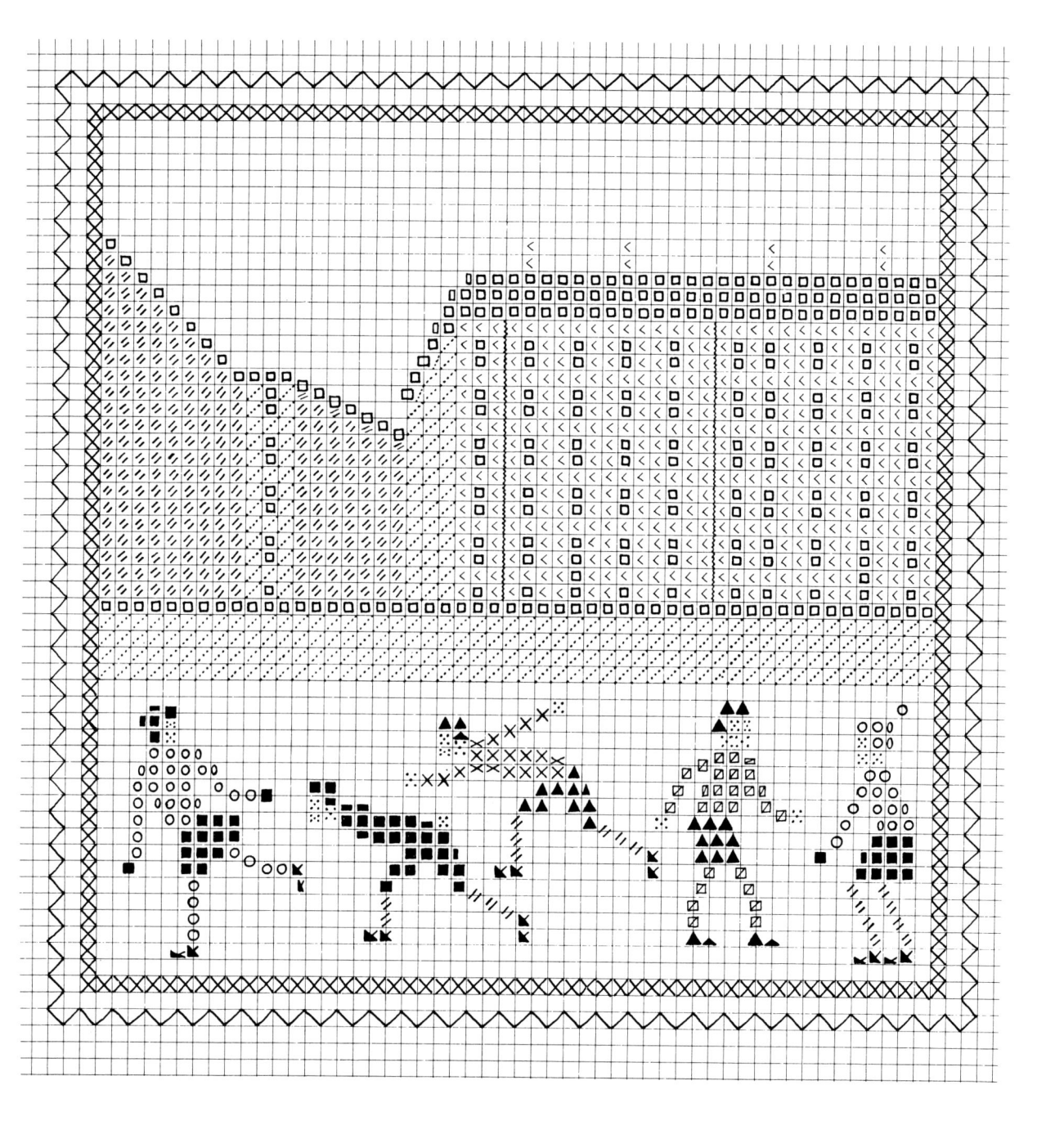

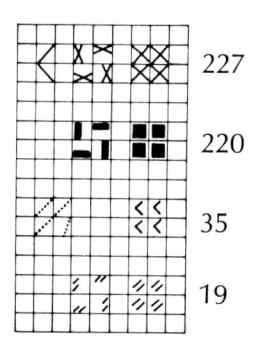 227
220
35
19

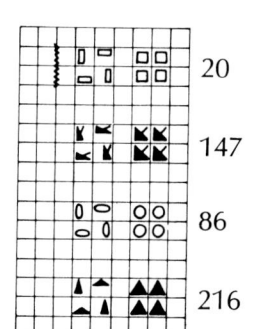 20
147
86
216

10
25

なわ飛びをする少女

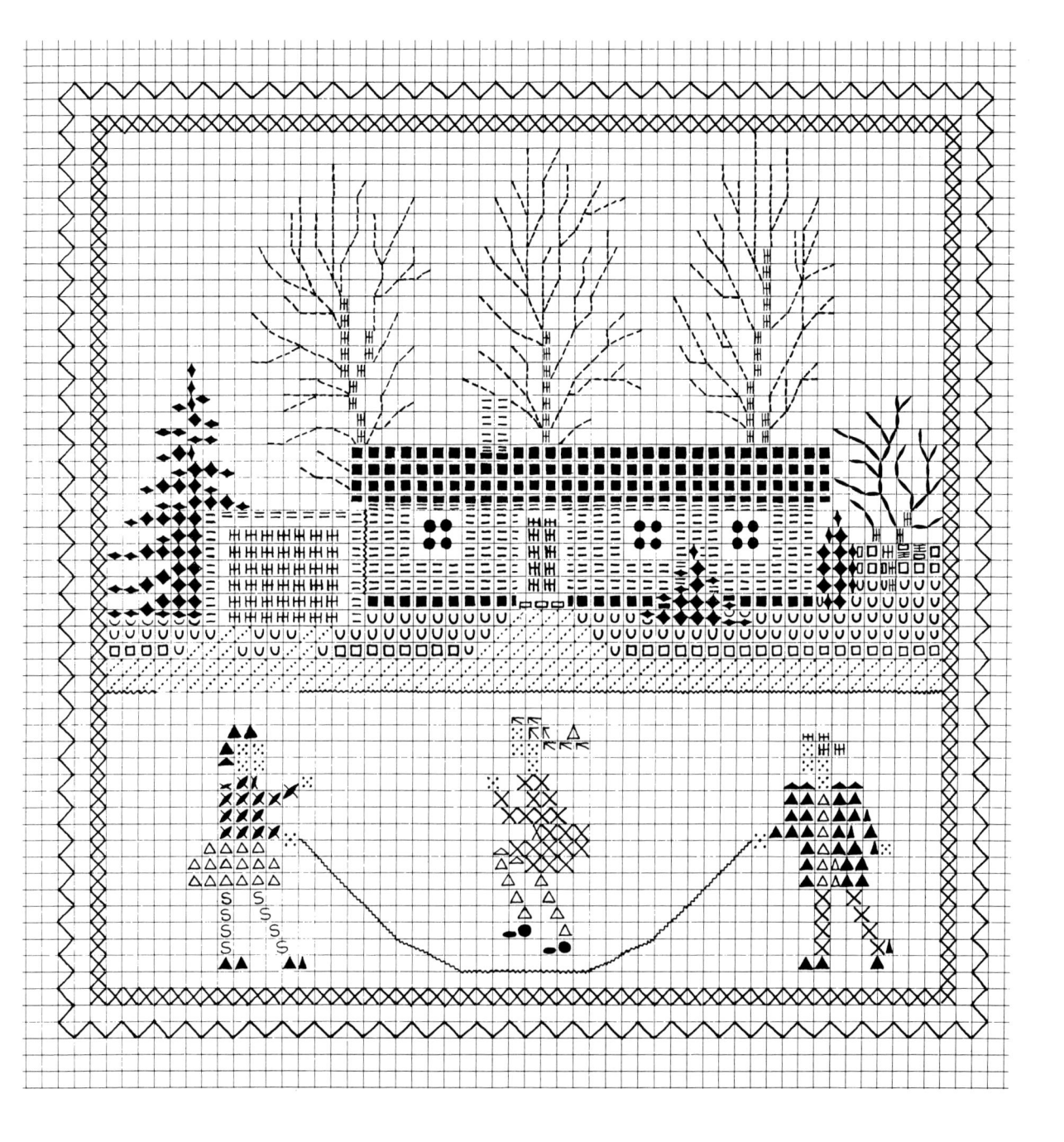

227

220

35

20

32

222

13

214

215

216

8

40

9

25

6

エイプリルシャワー

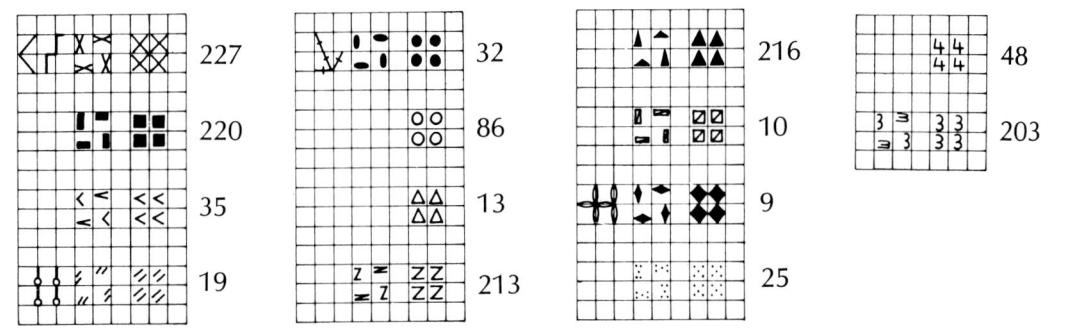

緑の白樺林

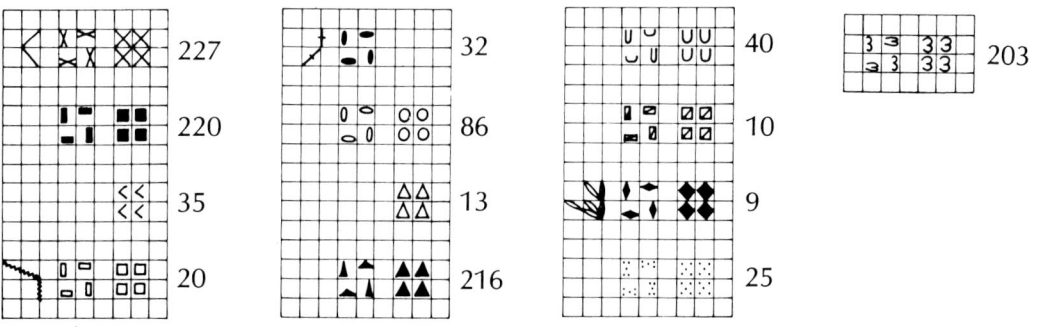

227

220

35

20

32

86

13

216

40

10

9

25

203

刈り入れ

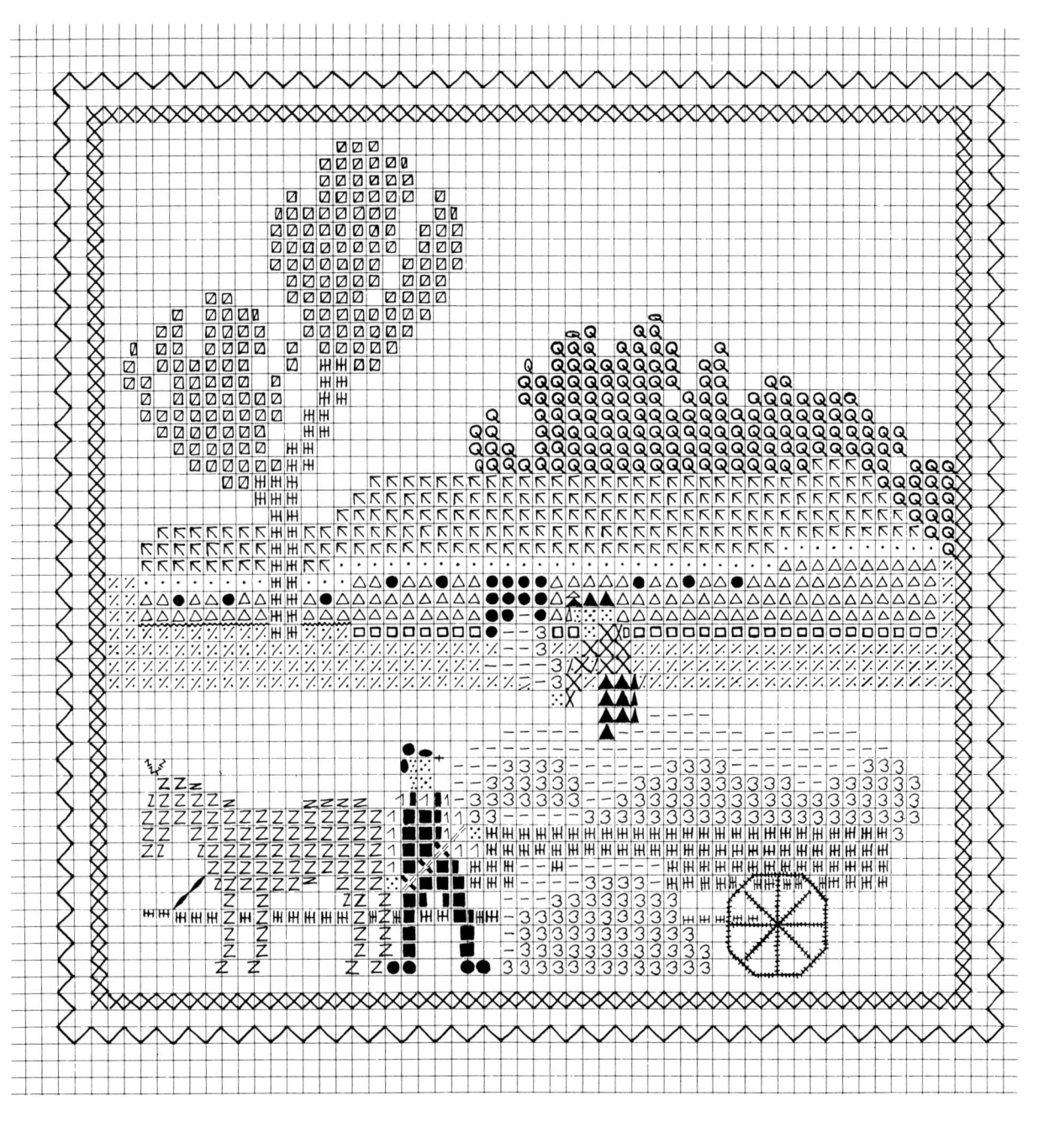

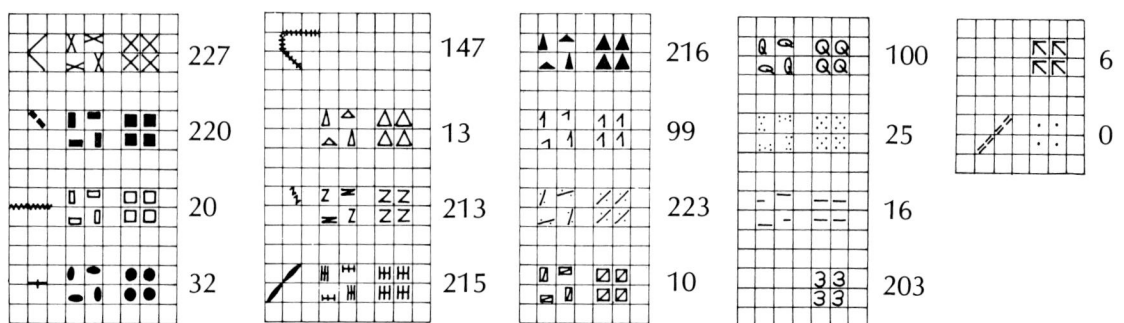

秋の田畑

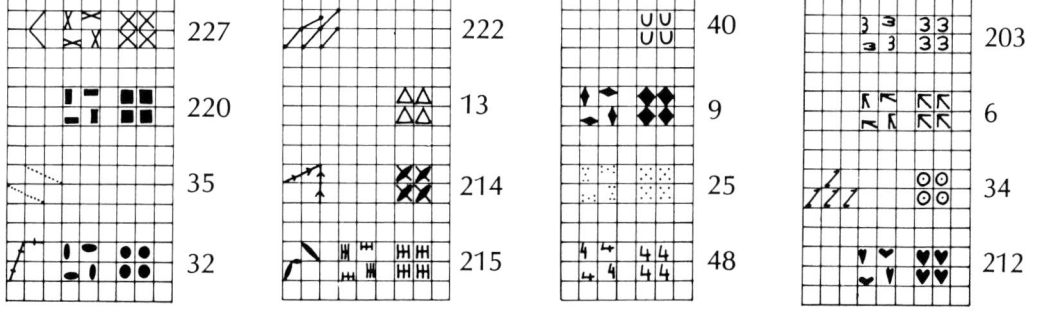

19

きのこ狩り

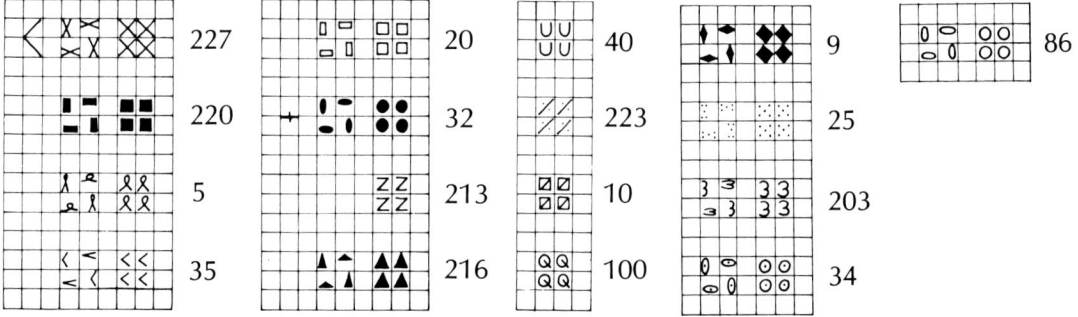

秋の嵐

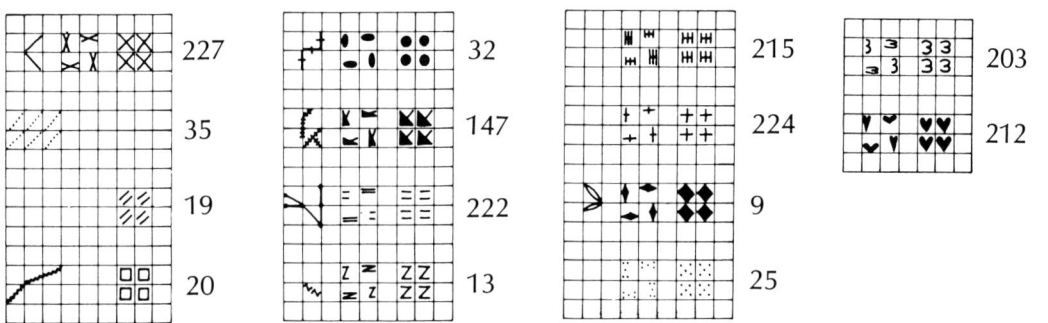

クリスマスツリー選び

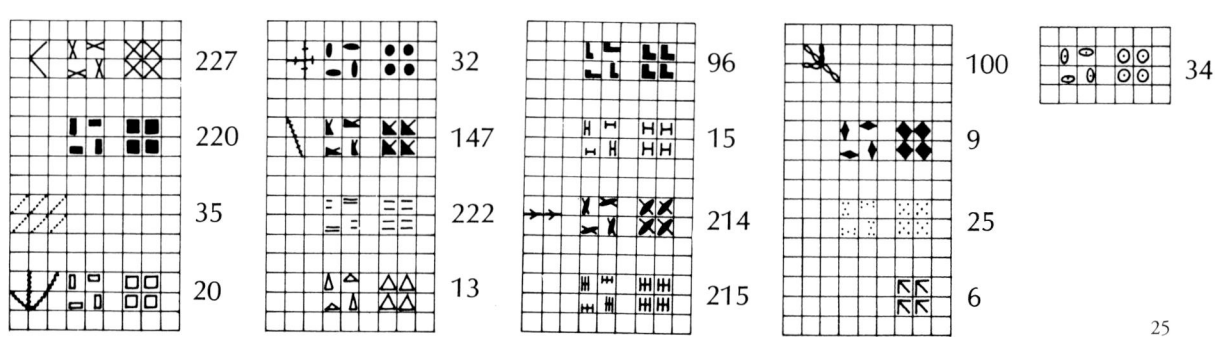

1　アゼレヤ
2　シクラメン
3　アイビー
4　スノードロップ
5　フィカス

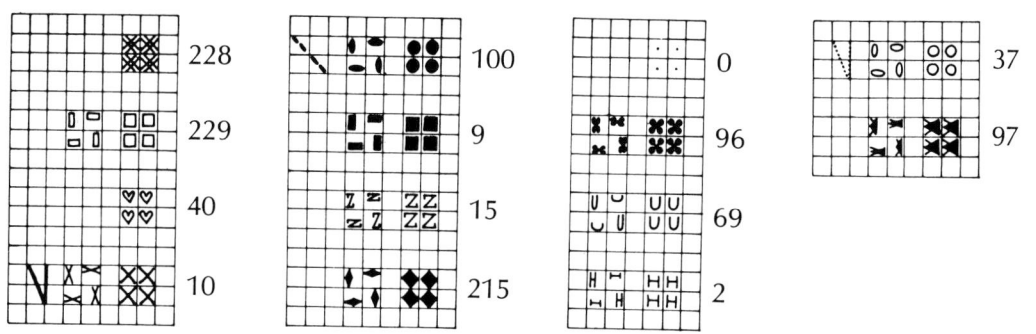

6-9 ヒヤシンス
10 たましだ
11 せつぶんそう
12 ゆきのした

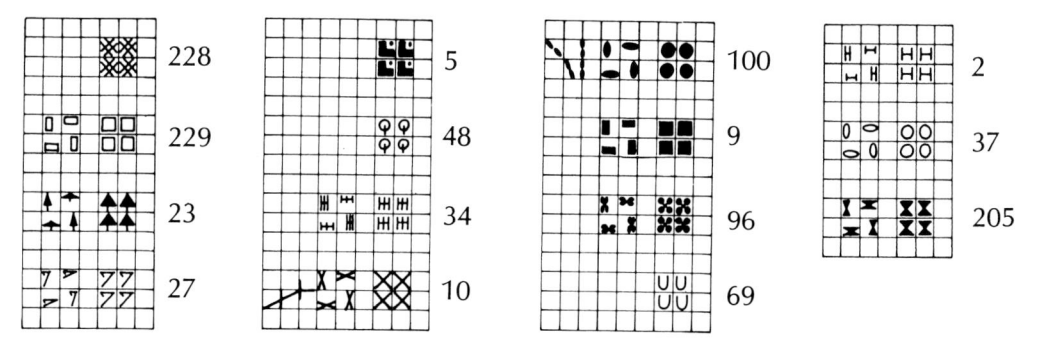

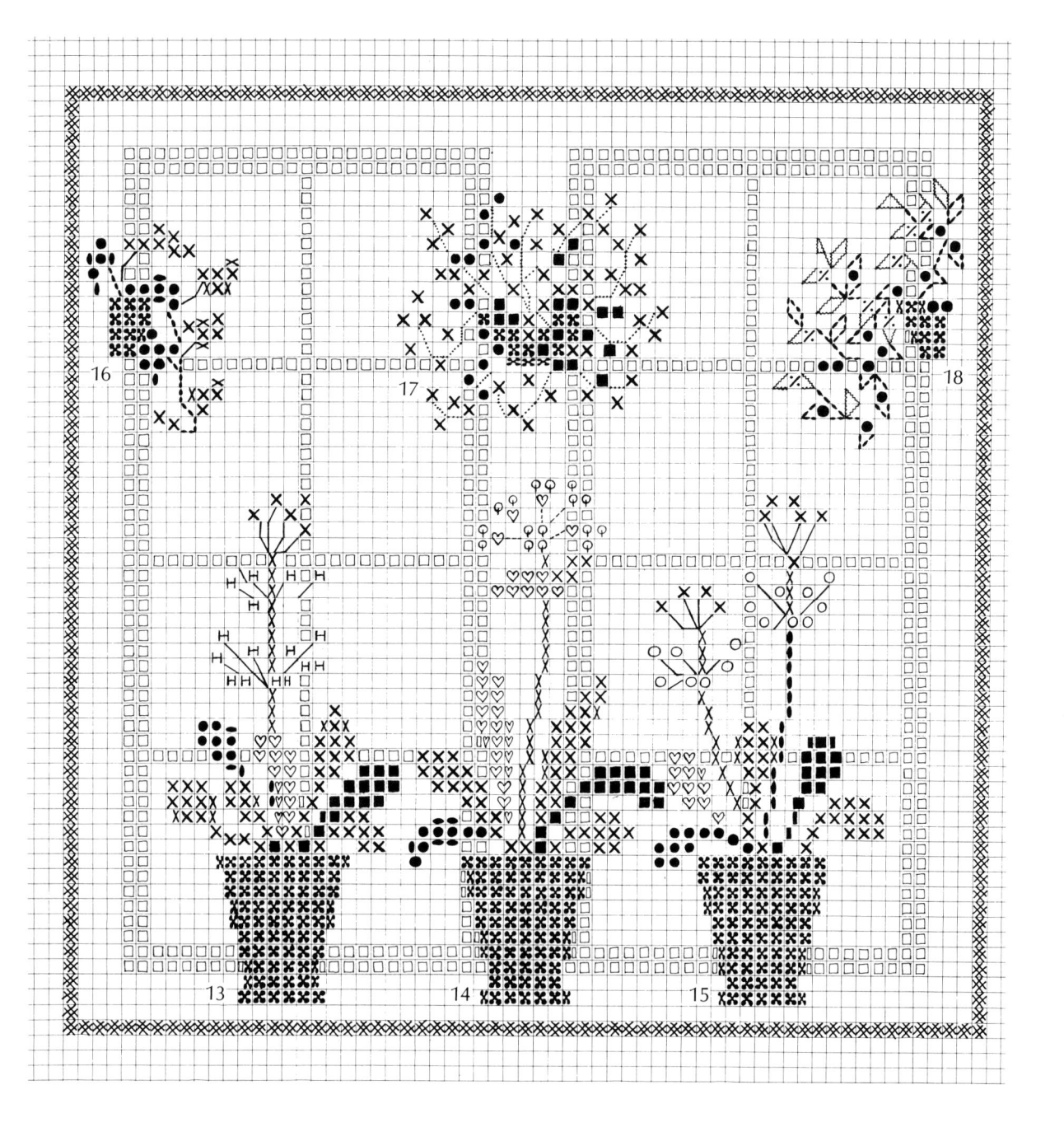

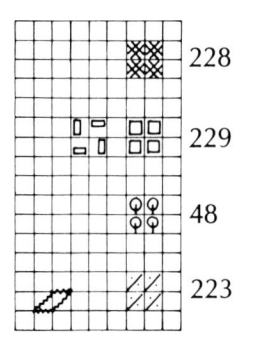
228
229
48
223

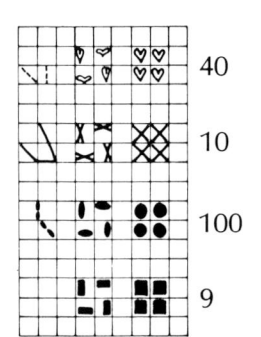
40
10
100
9

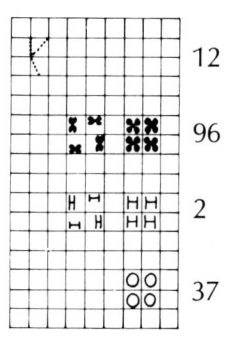
12
96
2
37

19 シネラリア
20 シネラリア
21 すぎのはかずら
22 おりづるラン

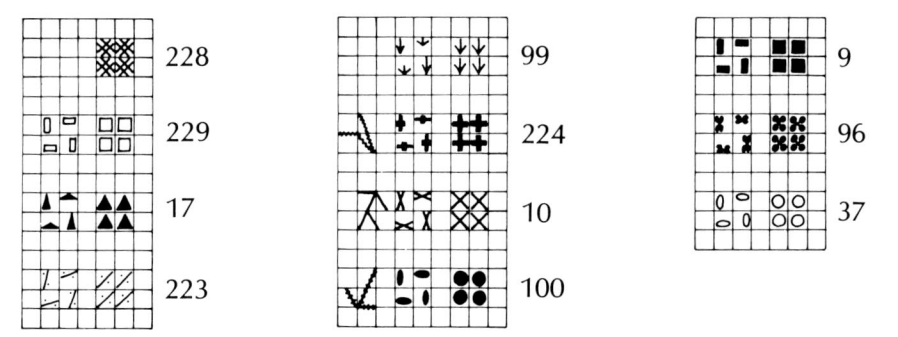

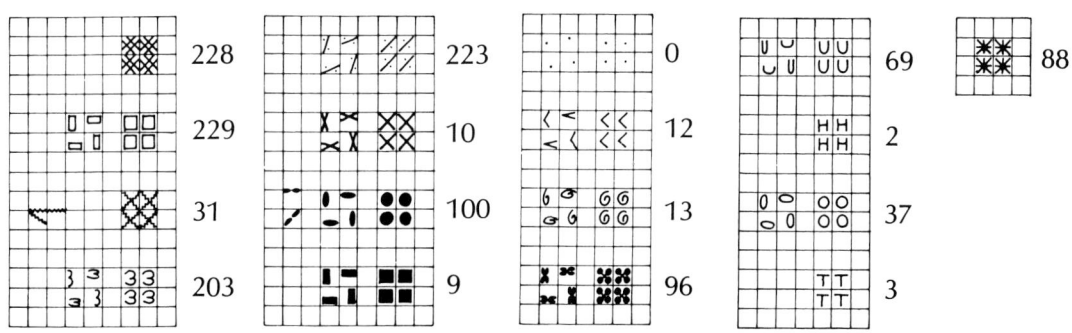

	228		223		0		69		88
	229		10		12		2		
	31		100		13		37		
	203		9		96		3		

32 ゼラニウム
33 アイビー
34 ゼラニウム
35 はなづるぐさ
36 ゼラニウム
37 むらさきつゆくさ

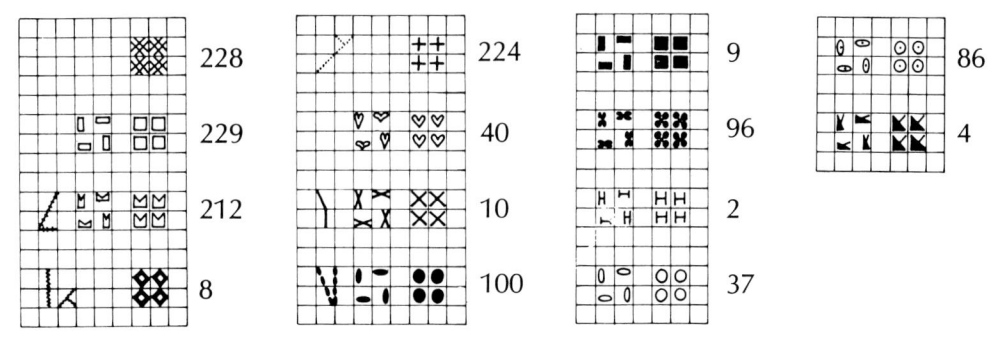

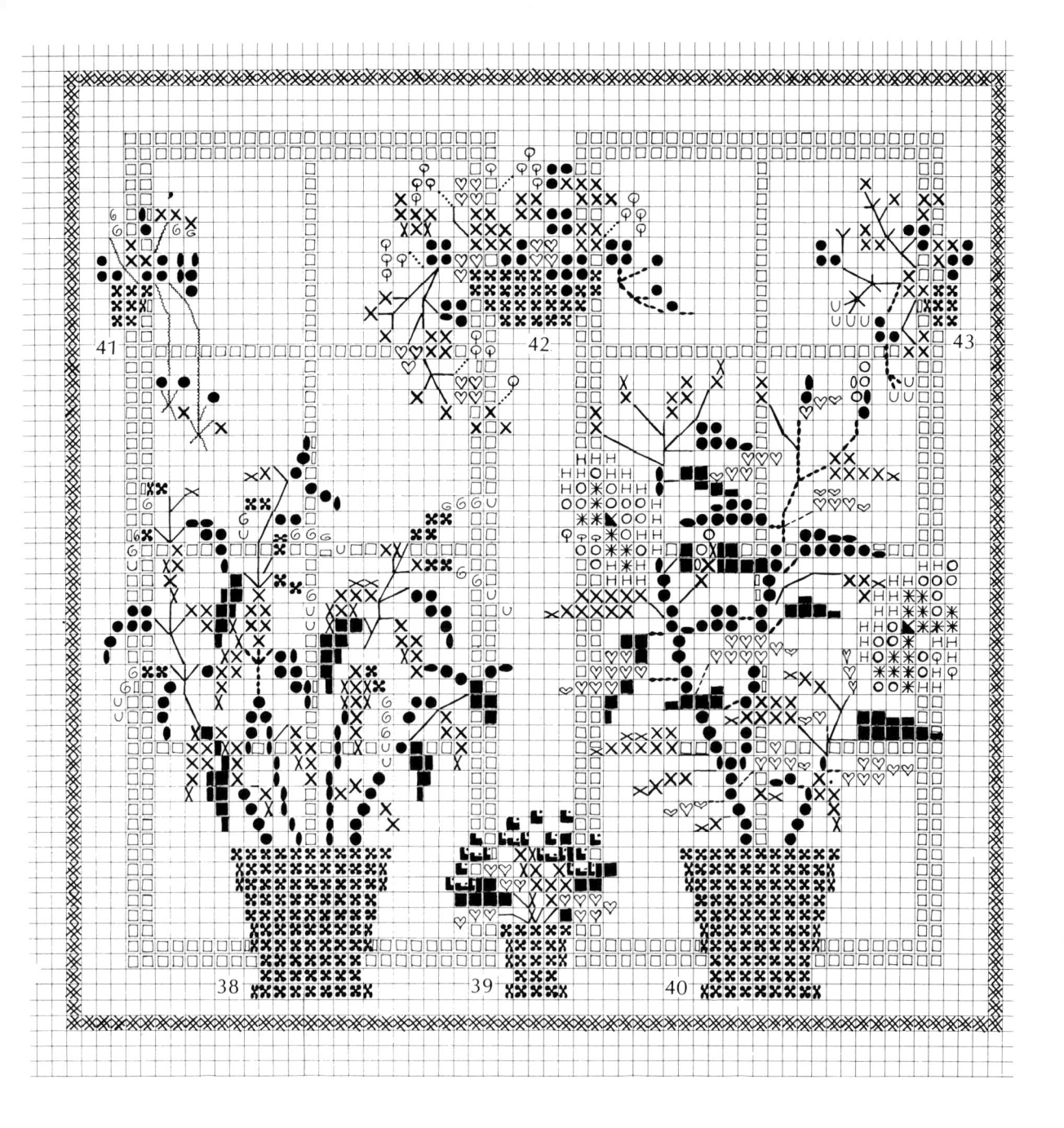

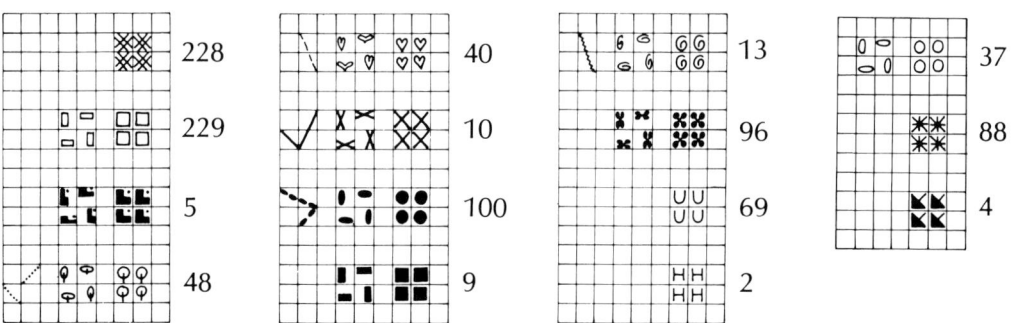

44 クラッスラ（ベンケイソウ科）
45 あさがお
46 エケベリア（ベンケイソウ科）

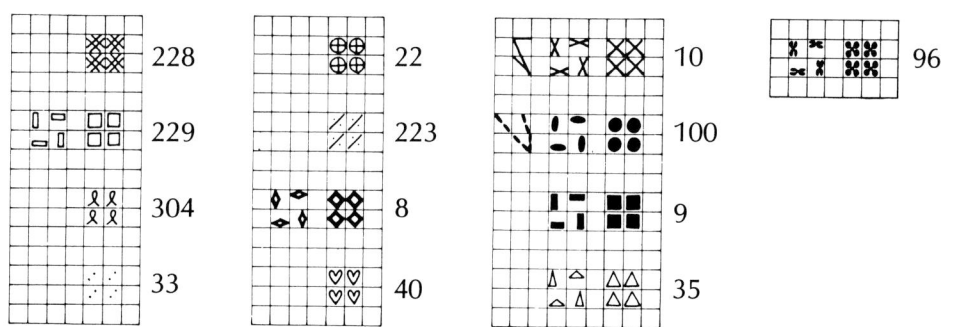

	228
	229
	304
	33

	22
	223
	8
	40

	10
	100
	9
	35

| | 96 |

47 アラリアアイビー
48 むらさきおもと
49 ツルコベア

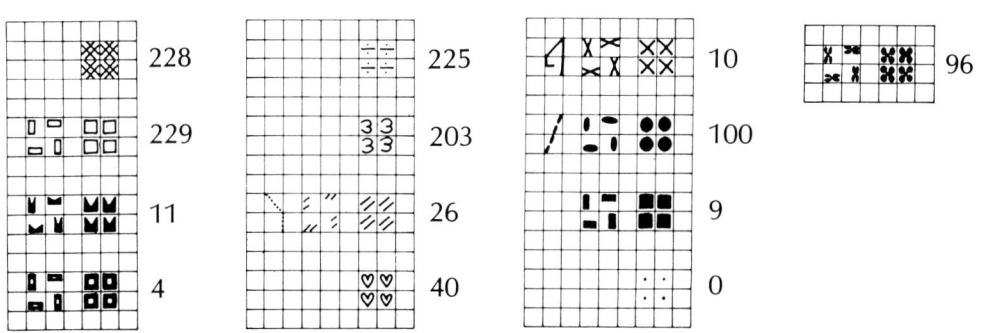

47 48 49

	228
	229
	11
	4

	225
	203
	26
	40

	10
	100
	9
	0

| | 96 |

50 とけいそう
51 コリウス（シソ科）
52 サンケジア（キツネノマゴ科）

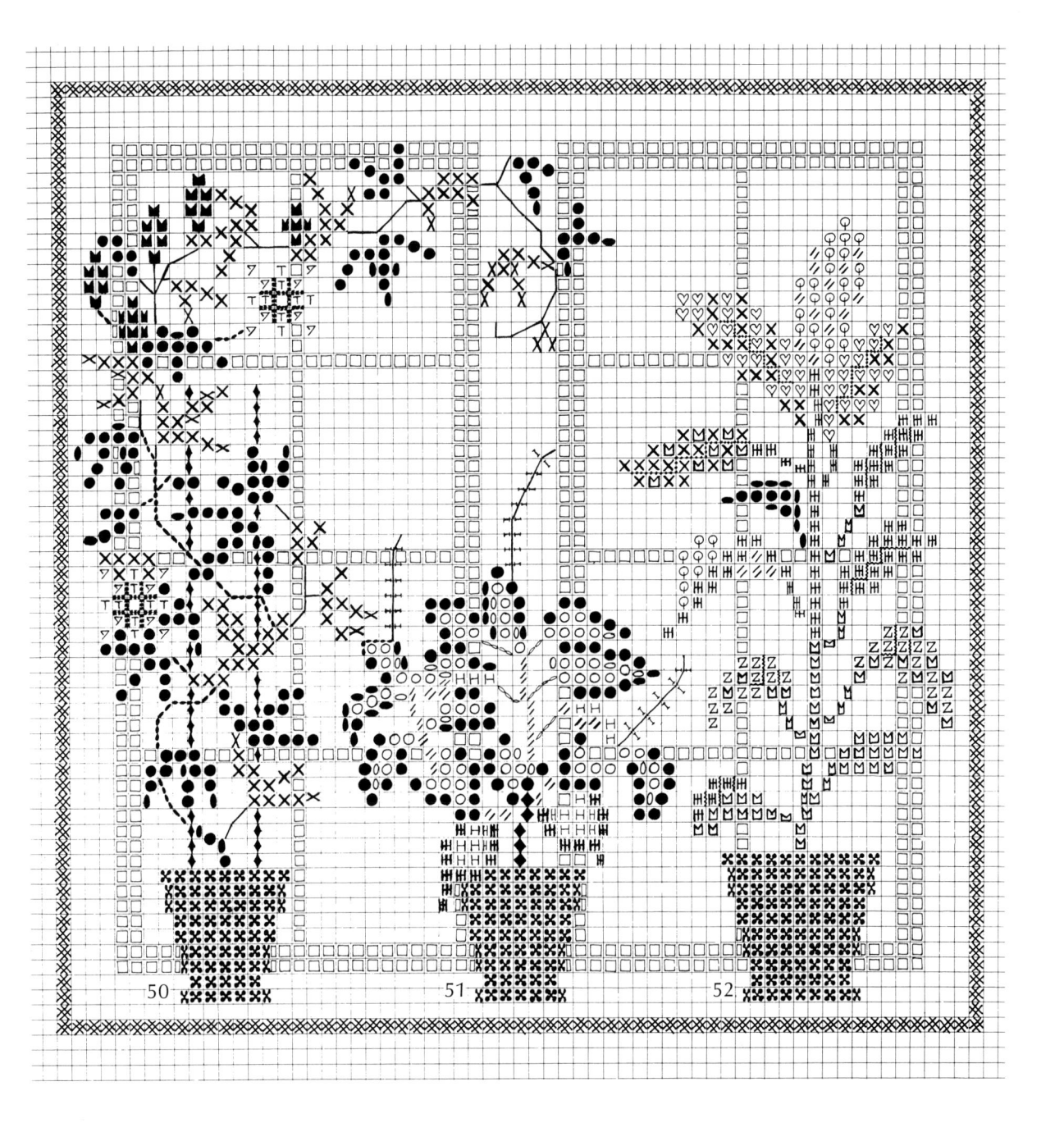

50 51 52

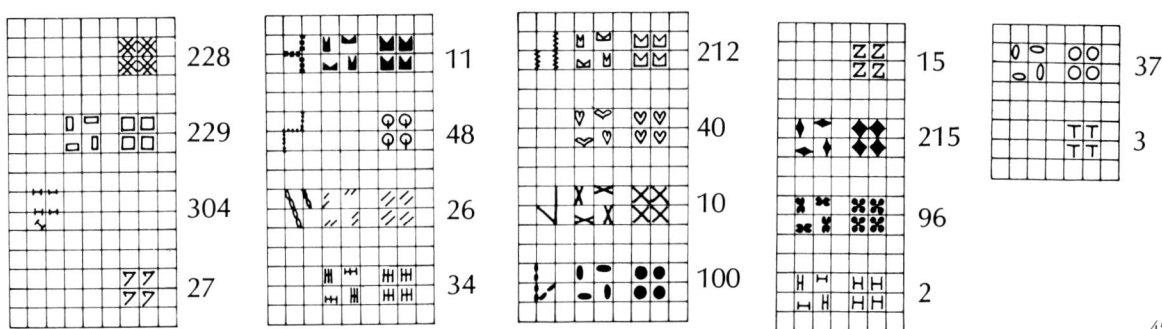

228	11	212	15	37
229	48	40	215	3
304	26	10	96	
27	34	100	2	

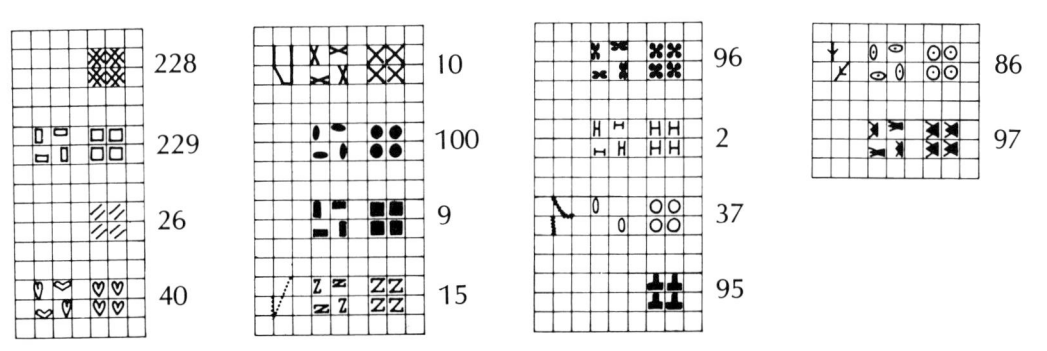

コペンハーゲンの市庁舎
1905年、クリスチャン9世の時代の建築

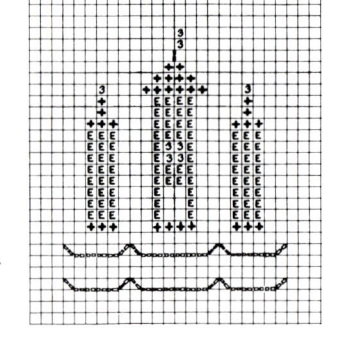

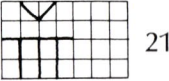 216

この図案は、テントステッチで
刺します。

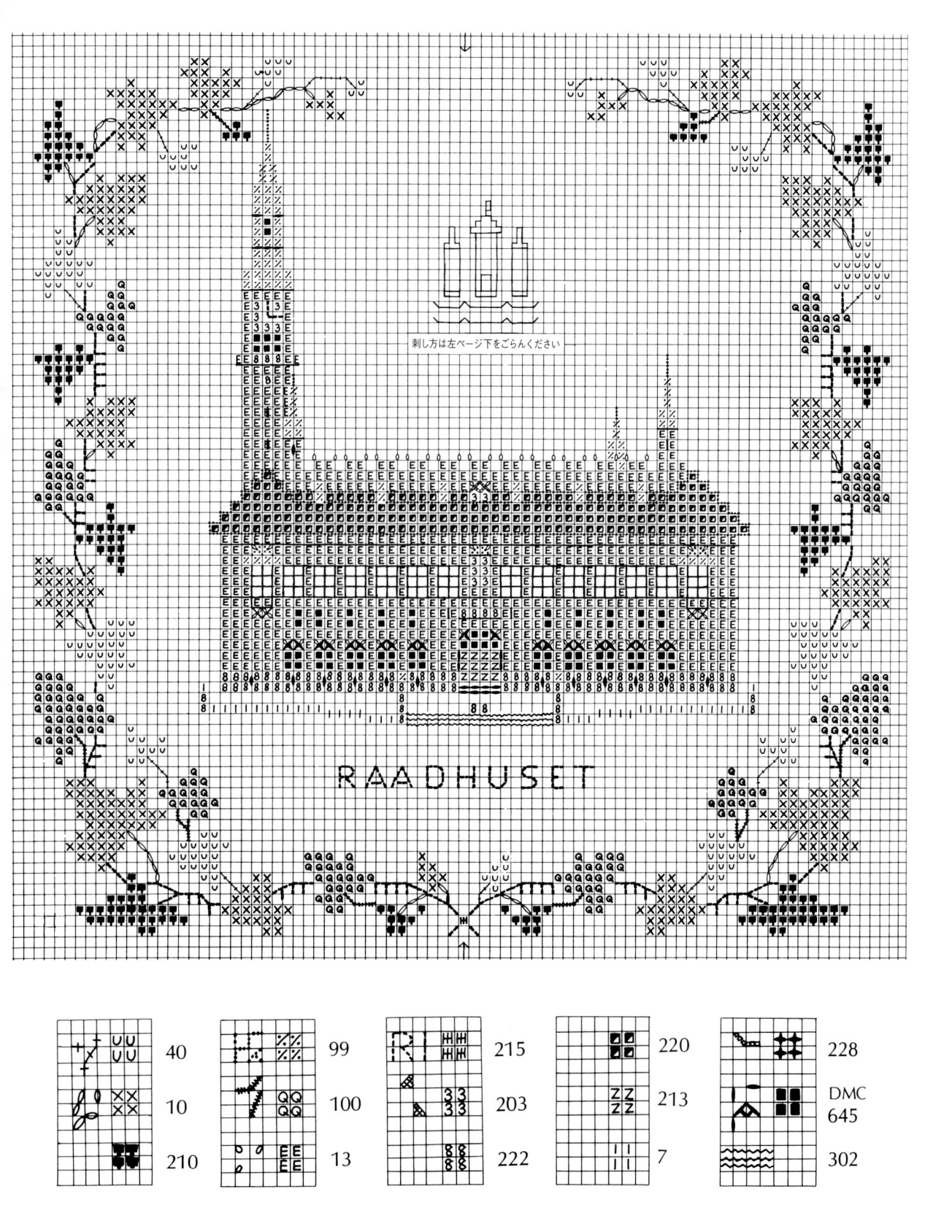

刺し方は左ページ下をごらんください

RAADHUSET

	40		99		215		220		228
	10		100		203		213		DMC 645
	210		13		222		7		302

アマリエンボー城
18世紀、フレデリック5世の時代の建築

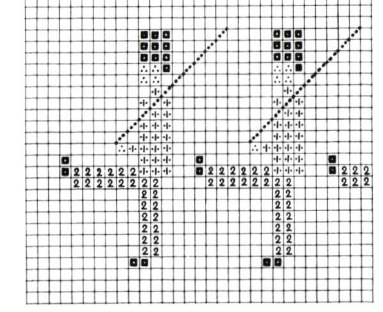

 215

この図案は、テントステッチで
刺します。

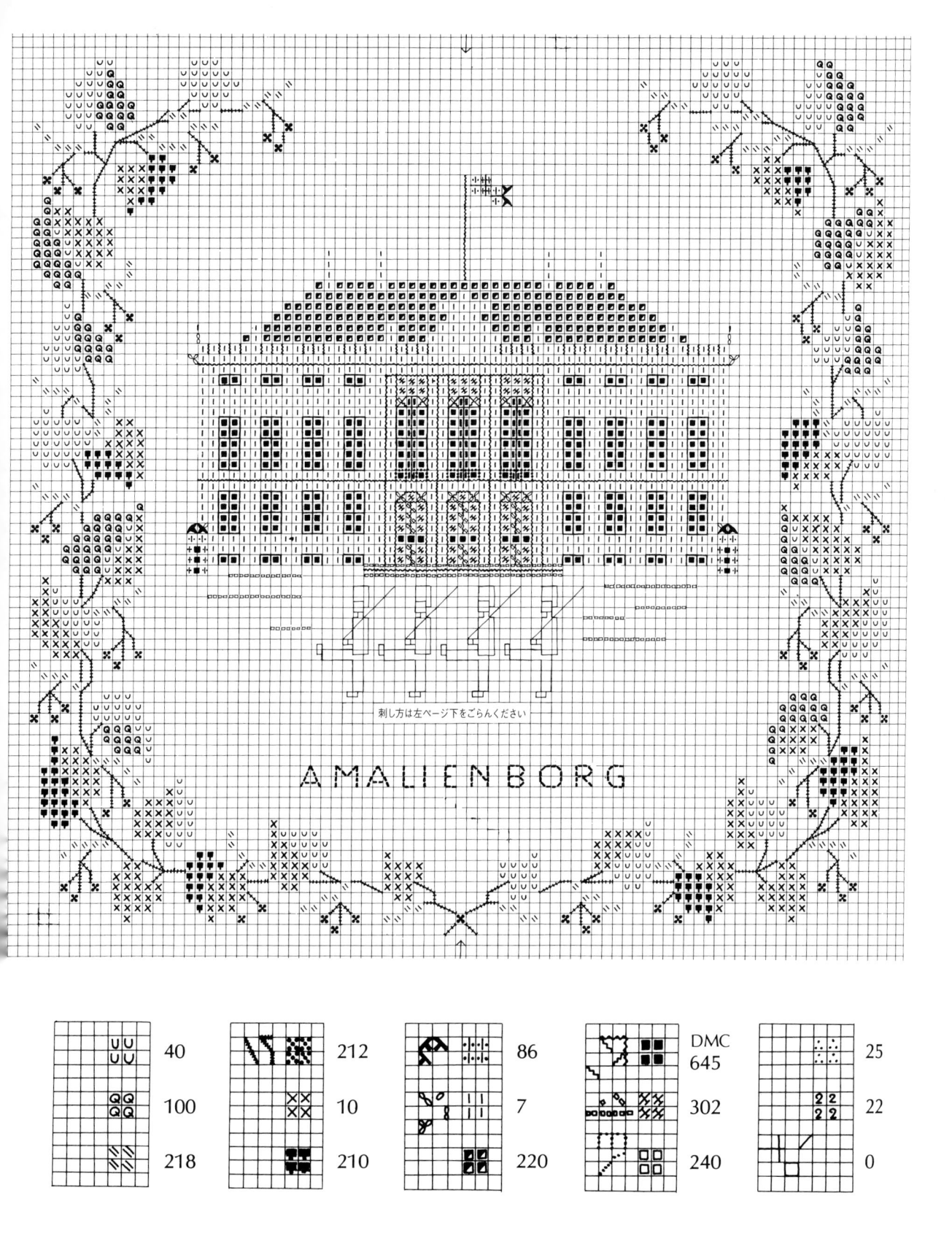

刺し方は左ページ下をごらんください

AMALIENBORG

	40		212		86		DMC 645		25
	100		10		7		302		22
	218		210		220		240		0

ソークベストフース
18世紀、クリスチャン6世の時代の建築

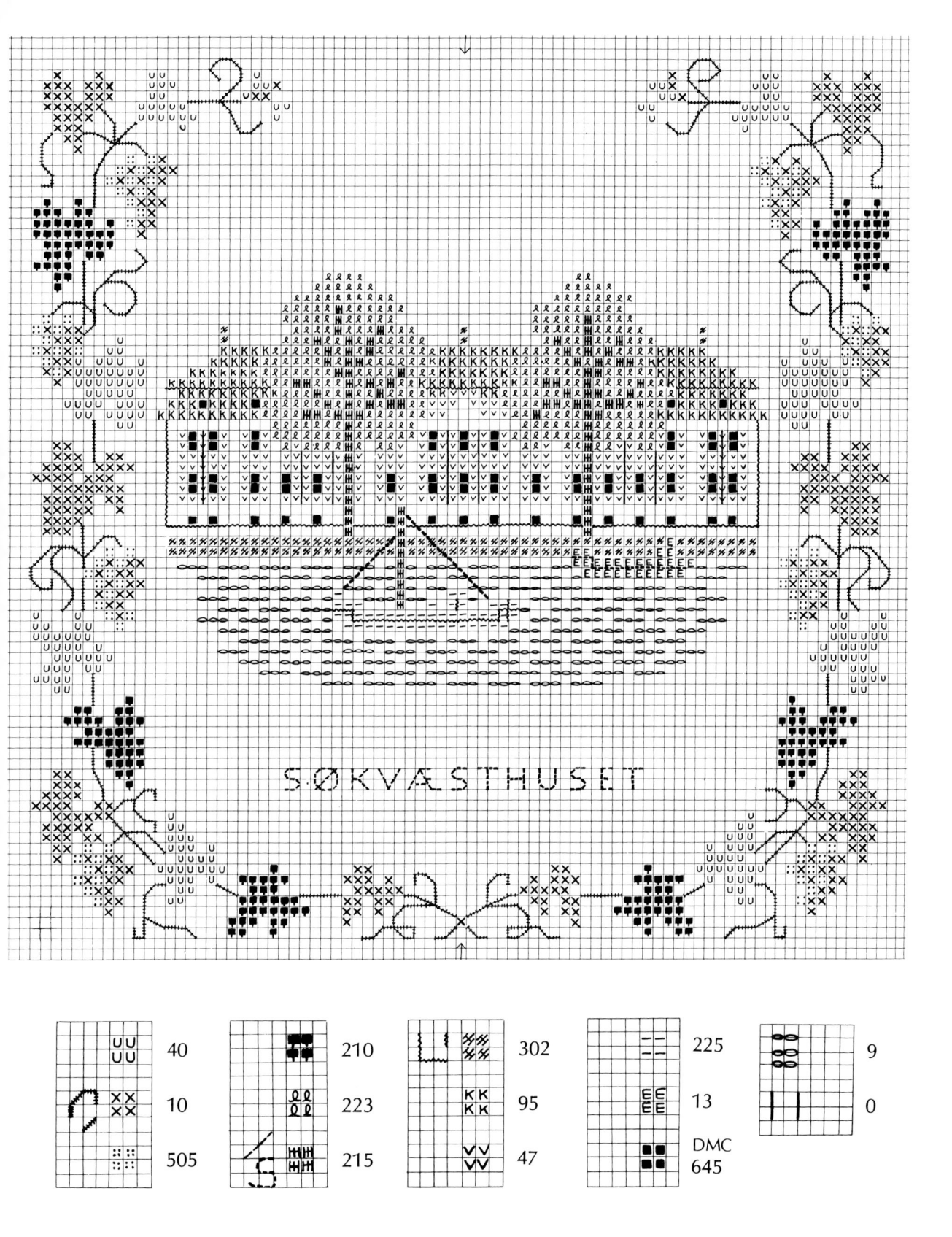

SØKVÆSTHUSET

U U U	40	
(hook) X X	10	
⠿ ⠿	505	

♠♠	210	
ℓℓ ℓℓ	223	
⊞⊞ ⊞⊞	215	

⅃ ⅃ ⅃⅃ ⅃⅃	302	
K K K K	95	
V V V V	47	

⁻ ⁻ ⁻ ⁻	225	
E E E E	13	
■ ■ ■ ■	DMC 645	

⬮⬮⬮ ⬮⬮⬮	9	
‖ ‖	0	

シェラド城門
1663年、フレデリック3世の時代の建築

SJÆLLANDSPORTEN

	40		100		228		218		19
	505		215		222		7		96
	101		99		147		223		0

ニボーダ団地
1631年、クリスチャン4世の時代の建築

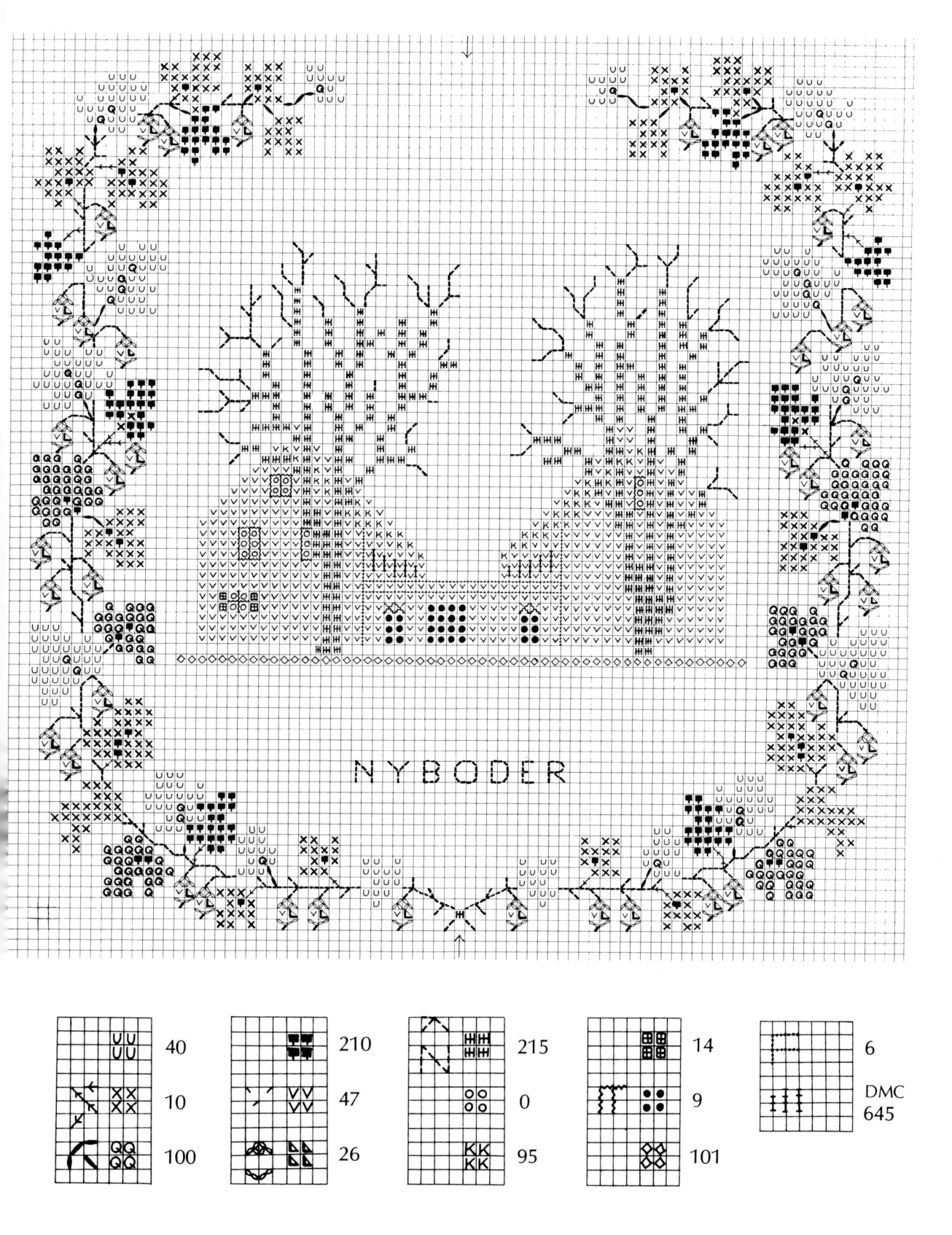

NYBODER

	40		210		215		14		6
	10		47		0		9		DMC 645
	100		26		95		101		

ホメルン教会
1619年、クリスチャン4世の時代の建築

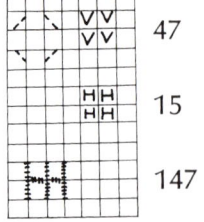

47

15

147

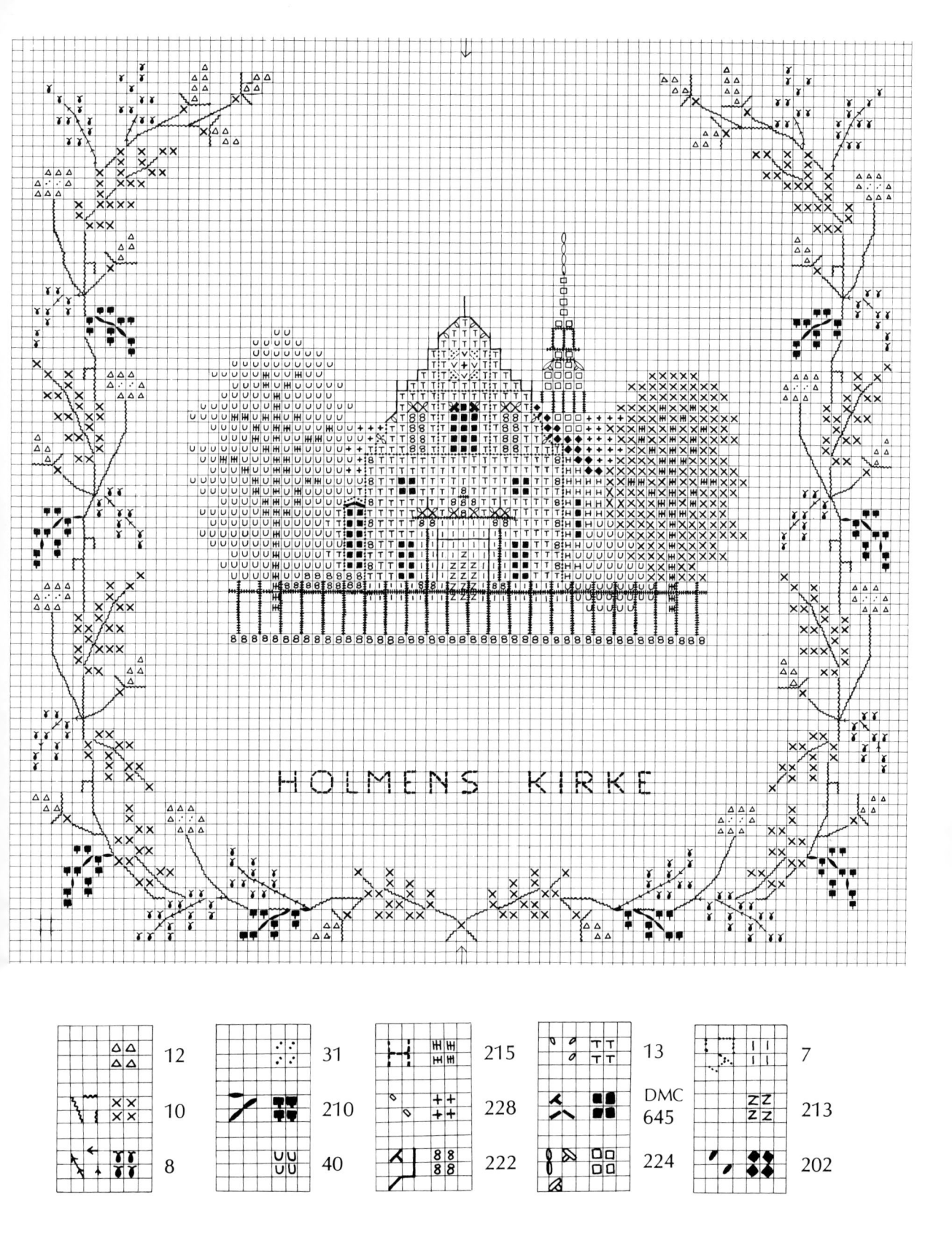

HOLMENS KIRKE

△△	12	∴	31
××	10	■■	210
↑↓	8	∪∪∪	40

⊞⊞	215	◊ TT	13
++	228	■■ DMC 645	
88	222	□□	224

			7
ZZ	213
◆◆	202

材料について

本書のモチーフは縦横均等に織られている麻布にクロスステッチで刺繍しています。図案の1マスは布の織り糸の縦横2目ずつを示します。図案に矢印が書いてある場合は、この矢印を結んだ点が図案の中心点となり、そこから刺し始めます。

麻布について——本書で使用する麻布の目は12目(1センチに12本)、10目(1cmに10本)、7目(1cmに7本)の3種類があり、晒した白い生地と未晒しの自然な色合いの生地があります。

花糸について——本書のモチーフは、デンマーク手工芸ギルドの花糸で刺しています。この糸は美しい自然の色を持った、繊細なつや消しの木綿の糸です。まれに、つやのあるDMCの糸が使われています(DMCの糸は10目、12目の麻布には2本どり、7目の麻布には4本どりで用います)。

刺繍作品のアイロンのかけ方——柔らかい布を下に敷いた上に刺繍部分を下にして置き、上に薄い布をかけて霧を吹き、高温でアイロンをかけます。布があたたかいうちに布の縦横の目を上下左右に引っぱって正し、そのまま自然に乾かします。

洗濯の仕方——刺繍の仕上げ後は、洗濯をする必要はありません。洗濯をするときはまずたっぷりの冷水(お湯で洗うと色が出る場合があります)で水洗いをし、洗剤(漂白剤の入っていないもの)を入れた冷水の中で手早く振り洗いし、冷水で充分すすぎ、2枚の布の間にはさんで乾かします。

麻布12目(1センチに縦横12目・布幅150cm)
デンマーク花糸を1本どりで使用。
針は刺繍用の先丸針26号を使用。

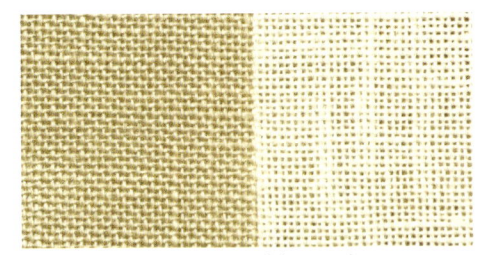

麻布10目(1センチに縦横10目・布幅150cm)
デンマーク花糸を1本どりで使用。
針は刺繍用の先丸針24号を使用。

麻布7目(1センチに縦横7目・布幅150cm)
デンマーク花糸を2本どりで使用。
針は刺繍用の先丸針20号を使用。

「花糸」は古来から伝わるデンマークの織物用糸を研究して生み出された素朴な風合いの木綿の糸。自然の草木の色に近い色が特徴で、名づけ親はデザイナーのゲルダ・ベングトソン女史です。単糸なのでクロスステッチを刺すのに適していますが、他のさまざまなステッチにも使用されています。色数は約100色。

クロスステッチの刺し方

　本書の図案は、クロスステッチで刺繍します。使用する糸は、図案の下に記号と番号で示してあります。数字の横に3種類の記号が示されている場合、一番右の記号がクロスステッチ、真ん中は右図Dのクロスステッチ、左側の記号がバックステッチです。図Dの指し方は、記号の記入の仕方で区別しています。

クロスステッチの刺し方

A　横に刺していくクロスステッチ
　　左から右へ刺していきます。麻布の2目を単位とし、左下端から／形を繰り返すようにステッチの半分を刺していき、刺し終えたら次に右下の端から図のように戻りながらクロスを完成させていきます。

B　上下に刺していくクロスステッチ
　　一つのステッチごとにクロスを完成させます。ステッチの糸のかかり方はAの場合と同じです。AもBもステッチの裏側の糸は垂直の線になります。

C　布目をずらすクロスステッチ

D　変形したクロスステッチ
　　図の左は3/4クロスステッチ。中央は縦に2目、横に1目でクロスします。右は横に2目、縦に1目でクロスするステッチです。

バックステッチの刺し方

E　バックステッチの刺し方は2通りあります。Eの左のように垂直、水平に2目ずつすすむ方法と、右のように下へ2目、横へ1目、もしくは下へ1目、横へ2目すすむ方法です。

F　1目ずつに、それぞれの方向に刺繍するバックステッチもあります。

テントステッチ（プチポワン）の刺し方

G　テントステッチ（プチポワン）では1目×1目に斜めにだけ刺していきます。クロスステッチより密度の高い仕上がりとなります。

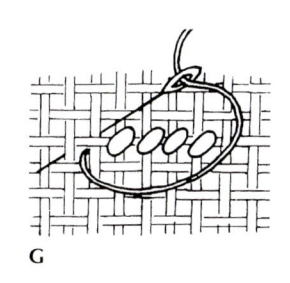

G

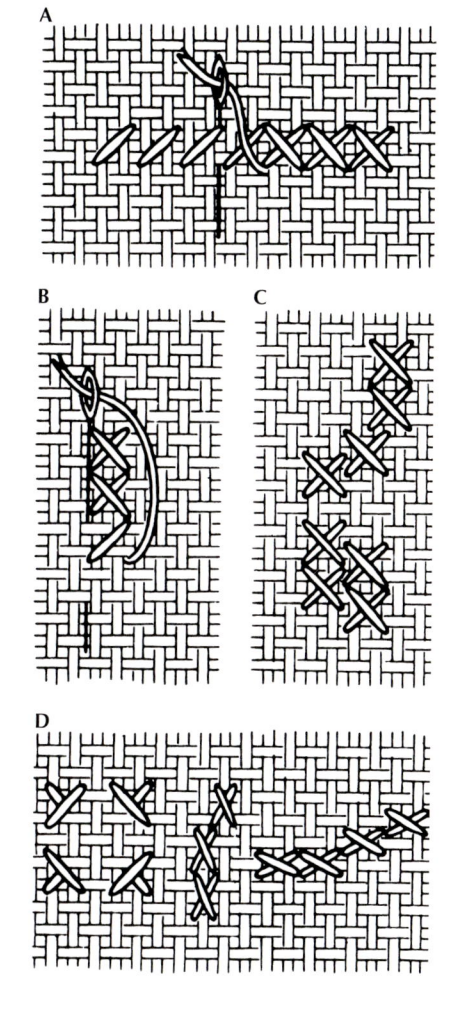

A

B　　　C

D

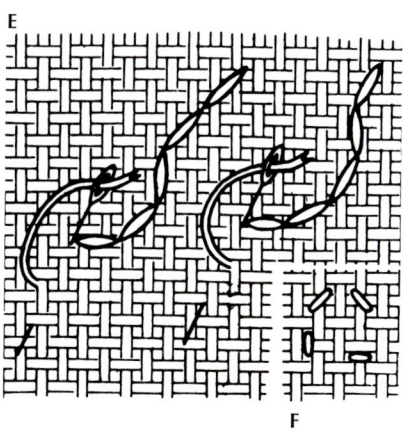

E

F

ヤマナシ ヘムスロイドについて

ヤマナシ ヘムスロイドは、1971年、スウェーデン国立手工芸協会の後援をうけ、スウェーデンで織物を学んでいた山梨幹子によって設立されました。その後デンマーク手工芸ギルド、英国RSNの公認を受けています。展覧会の開催や、教室・通信講座の開催、書籍出版、ショップ展開を通じて、精力的に北欧・英国の織と刺繍を日本に紹介してきました。

展覧会や教室を通して皆さんに知っていただきたいのは、暮らしを楽しく彩る本格的な手工芸の楽しみです。「本格的な手工芸」とは

1　手仕事を裏切らない確かな品質素材の使用
2　伝統に支えられた高度な技法
3　歴史に磨き抜かれたデザインやパターン
の3点に支えられています。

40年の実績を誇る手工芸の教室

北欧の家庭で愛されてきた手工芸（ヘムスロイド）を楽しんでいただけるよう、各地で教室を開催しています。吟味された素材と、北欧の国々で愛されてきたデザインやパターンを通じ、本格的な手工芸をお楽しみください。通信講座、1日講習会なども開催しています。
・刺繍コース
・スウェーデン織コース
・ボビンレース
・北欧ニット
・スウェーデン織大型コース

デンマーク手工芸ギルドについて

デンマーク手工芸ギルドは"テキスタイルの再生と芸術的手工芸の創造"を理念として1928年に創立されました。デンマーク王室の庇護の元、専門家を育てる学校の設立やコレクションの展示などを通じ、デンマークのクラフトマンたちの指導的立場を担いつつ、手工芸の品質向上や新しいデザインの創出などに積極的に取り組んできました。

特にクロスステッチの分野ではゲルダ・ベングトソン、イダ・ウィンクレルなどの優れたデザイナーを次々と輩出。写実的かつ叙情的な野の花や、簡潔で美しい街の風景を描いたデザインは現代生活を彩るインテリアとして一世を風靡し、ギルドの名前を世界的に有名にしました。

現在では活動の範囲はアメリカ、オーストラリア、日本などに広がり、4年に1回の展覧会の開催をはじめ、図案集やカレンダー、刺繍キットの販売などを通じて、デンマークの手工芸の魅力を広めています。

左―1960年から毎年、新作12点のデザインが掲載されたカレンダーを発表しています。毎年一人のアーティストがデザインを担当しています。　右―デンマーク手工芸ギルドの機関誌は、1934年に第1号が発行され、現在でも年3回発行されています。デンマークの手工芸の現在が一望できる、貴重な情報誌。

ギルドではチャート、麻布、花糸、針がセットになった刺繍キットを早くから発売。優れたデザインのインテリアを自分自身の手で作り上げられる楽しさを、世界中の人々に伝えています。

ヤマナシ ヘムスロイドの通信講座

　ヤマナシ ヘムスロイドでは4つの通信講座を開講しています。通信講座修了者へは講師資格（ディプロマ）への道も開かれています。
・クロスステッチマスターコース
・ホワイトワークマスターコース
・キャンバスワークマスターコース
・スウェーデン織物マスターコース

本書で取り扱いの材料について

麻布（10目・12目）30cm×30cm………　1枚 本体1,200円
麻布（10目・12目）50cm×50cm………　1枚 本体2,800円
麻布（7目・10目・12目）30cm×幅150cm
……………………………………………　1枚 本体4,500円
（※30cm以上10cm単位）
麻布（7目・10目・12目）1m×幅150cm
……………………………………………　1枚 本体15,000円
デンマークの花糸（20m）……………　1束 本体200円
金糸…………………………………………　1束 本体500円
※価格は2010年10月現在のものです。

ショップのご案内

　デンマークのクロスステッチの材料をお求めの方は下記までお問い合わせください。

ヤマナシ ヘムスロイド本部　表参道ショップ

〒150-0001　東京都渋谷区神宮前4-3-16
Tel. 03-3470-3119 Fax.03-3470-2669
mail@yhi1971.com
営業時間—10：30 ～ 18：30（土曜日は18：00まで）
休日—日・月・祝

ヤマナシ ヘムスロイド　東急本店ショップ

〒150-0043　東京都渋谷区道玄坂2-24-1
東急百貨店本店3階
Tel./Fax.03-3477-3314
営業時間—10：00 ～ 19：00
年中無休

ヤマナシ ヘムスロイド友の会のご案内

　ヤマナシ ヘムスロイドでは、ニュースレター、展覧会出品、商品の割引販売、作品の添削等、さまざまな特典のある友の会制度を設けております。年会費は4,000円です。

ヤマナシ ヘムスロイドの出版物

ゲルダ・ベングトソン「刺繍・人生」
オールカラー 160ページ　本体6,000円＋税

「庭の草花たち」
カラー 8ページを含む全32ページ　本体4,500円＋税

「お祝いづくし」
A5 16ページ　本体1,500円＋税　デザイン：山梨幹子

「木枠で手織り」
カラー 40ページを含む全80ページ
本体1,700円＋税　文化出版局

デンマークのクロスステッチ「色いろボーダー」
デザイン：ヴィベケ・オルリス
カラー 56ページを含む72ページ
本体2,000円＋税　文化出版局

「北欧のシンプル刺しゅう」
オールカラー 80ページ　本体1,300円＋税　グラフ社

「スウェーデンのクロスステッチ　クリスマス・タペストリー」
デザイン：インガ・バルムグレン
オールカラー 112ページ
本体5,000円＋税　カラーフィールド

「イングリット・プロムのデンマーククロスステッチ」
2冊セット　オールカラー 88ページ＋84ページ
本体7,400円＋税　復刊ドットコム（旧名：ブッキング）

応用作品製作協力　　新井由紀子、西澤文子、大村尚子、宮川和子

＊本書は、1979年に文化出版局より出版された
『デンマークのクロスステッチ』Ⅲ巻を再編集したものです。

デンマークのクロスステッチ
四季のくらしと窓辺の花
Lives and House Plants of Four Seasons in Cross-Stitch

2010年10月30日　　初版発行

著者　　　　デンマーク手工芸ギルド
　　　　　　（デザイン：ゲルダ・ベングトソン　イダ・ウィンクレル）

監修　　　　山梨幹子
発行　　　　ヤマナシ ヘムスロイド
　　　　　　〒150-0001東京都渋谷区神宮前4-3-16
　　　　　　電話 03-3470-3119　http://yhi1971.com/

発売　　　　株式会社復刊ドットコム
　　　　　　〒150-0022　東京都渋谷区恵比寿南3-5-7
　　　　　　代官山デジタルゲートビル
　　　　　　電話 03-6800-4460　http://www.fukkan.com/

ブックデザイン　　松田洋一
印刷・製本　　　　シナノ書籍印刷株式会社